다시, 평안으로 02

흔들려도 괜찮아

… 나를 지키는 필사 노트

북스원
BOOKSONE

괜찮지 않아도
괜찮습니다

이 책은 잘 참아 온 사람의 이야기에서 시작됩니다. 싫은데도 웃었던 날들, 부탁을 거절하지 못해 나를 뒤로 미뤘던 순간들, 괜찮은 척 넘겼지만 마음은 계속 다치고 있었던 시간들. 누군가에게는 별일 아니었을지도 모르지만, 당신에게는 하루를 견뎌내기 위해 조금씩 자신을 접어야 했던 날들이었을지도 모릅니다.

이 책은 그동안 잘해 온 당신에게 이제는 조금 다른 방향을 제안합니다. 더 참으라는 말도, 더 강해지라는 조언도 아닙니다. 불안을 없애려 애쓰지 말고, 불안한 마음과 함께 살아가는 연습을 하루 한 장씩 해보자는 제안입니다.

여기에는 정답도, 완성도, 목표도 없습니다. 잘 쓰지 않아도 되고, 모든 날을 잘 보내지 않아도 괜찮습니다. 다만 이 책을 펼치는 동안만큼은 조금 천천히, 조금 솔직하게 당신의 마음을 앞자리에

두어도 됩니다. 이 기록은 당신을 바꾸기 위한 것이 아니라, 당신이 이미 겪어 온 마음을 하나씩 인정해 주기 위한 시간입니다. 서툴러도 괜찮고, 다시 흔들려도 괜찮습니다.

이 책의 끝에서 당신이 완전히 달라져 있지 않아도 좋습니다. 다만, 예전보다 조금 덜 자신을 밀어내고 조금 더 자신을 믿게 된다면 그것으로 충분합니다. 오늘부터 30일, 당신이 당신 편에 서는 연습을 이 페이지에서 시작해 보세요.

이 책의 사용법

이 노트는 하루 한 장, **'마음 열기 - 필사 - 돌아보기 - 기록하기'**의 흐름으로 이어집니다. 정해진 방법은 없지만, 아래 순서를 따라가면 조금 덜 흔들리며 이 책을 사용할 수 있습니다.

마음 열기부터 천천히 읽어 주세요

'마음 열기'는 오늘의 상황을 판단하기보다, 지금 마음이 어디쯤와 있는지 가만히 바라보는 문장입니다. 공감되는 한 줄이면 충분합니다. 모두 이해하지 않아도 괜찮습니다.

핵심 필사와 고백 필사는 마음의 중심을 잡는 문장입니다

짧은 문장이지만, 지금의 나에게 꼭 필요한 말 하나를 남기기 위한 자리입니다. 또박또박 써도 좋고, 천천히 따라 적으며 숨을 고르는 시간으로 사용해도 괜찮습니다.

확언 필사는 나를 지키는 말을 연습하는 시간입니다

확언은 다짐이라기보다, 지금의 나에게 허락해 주는 말에 가깝습니다. 아직 믿어지지 않아도 괜찮습니다. 쓰는 동안, 말이 먼저 자리를 잡아 줍니다

'마음에 스친 순간들'은 정답을 고르는 칸이 아닙니다

체크는 평가가 아니라 인식입니다. 오늘의 내가 어떤 순간에 흔들렸는지, 어디에서 멈췄는지를 알아차리는 자리입니다. 모두 체크해도, 하나도 체크하지 않아도 괜찮습니다.

마음 일기는 잘 쓰지 않아도 됩니다

한 문장도 괜찮고, 단어 하나도 괜찮고, 아무 말도 쓰지 않아도 괜찮습니다. 오늘 마음이 무거웠다면, 빈칸 자체도 하나의 기록입니다.

각 Day 뒤의 두 페이지는 자유 기록 공간입니다

이 페이지는 정리보다 머무는 자리입니다. 오늘의 생각, 감정, 망설임을 형식 없이 남겨 주세요. 페이지 하단의 한 줄 문장은 오늘의 마음을 여는 작은 문장일 뿐, 반드시 따라 쓰지 않아도 괜찮습니다. 선 하나, 동그라미 하나, 작은 낙서 하나도 지금의 마음을 담는 기록입니다.

이 노트는 흔들리지 않기 위한 책이 아니라, 흔들려도 나를 잃지 않기 위한 기록입니다. 잘 해내지 않아도 괜찮습니다. 이 책을 펼쳤다는 것만으로 당신은 이미, 당신 편에 서 있는 중입니다.

차례

Day 01

부탁을 거절하지 못하는 날

●●● 마음 열기

누군가의 부탁을 거절하지 못해서 오늘도 나를 뒤로 미뤘습니다. 싫다는 말보다 미안하다는 말이 먼저 나오는 나는, 오늘도 또 한 번 내 마음보다 다른 사람의 마음을 먼저 챙겼습니다. 나는 착한 사람이 되고 싶었던 걸까, 아니면 상처받기 싫었던 걸까. 거절 한마디가 이렇게 어려운 이유는, 혹시 내가 미움받는 사람이 될까 겁이 나서였을지도 모릅니다.

●●● 핵심 필사

나는 모든 부탁에 대답할 의무는 없다.

●●● 고백 필사

오늘 나는, 싫었던 것을 싫다고 말하지 못했다. 하지만 내 마음이 힘들었다는 사실만큼은 숨기지 않겠다.

●●● 확언 필사

나는 다시 숨을 되찾을 수 있다.

●●● 마음에 스친 순간들

- 부탁을 받자마자 "괜찮아"라고 말해버렸다 □
- 사실은 내 마음이 먼저 힘들다는 걸 알고 있었다 □
- 거절하면 미움받을까 봐 겁이 났다 □
- 나를 지키는 선택이 아직은 낯설게 느껴졌다 □
- 그래도 오늘, 나를 돌아보기는 했다 □

●●● 마음 일기 오늘 내가 거절하지 못했던 순간, 그리고 그때의 내 마음을 적어 봅니다.

●●● 마무리 문장

오늘도 나는 나보다 남을 먼저 배려했다. 그래도 지금 이 페이지 앞에서, 나는 조금 나를 지키는 쪽으로 방향을 틀고 있다.

작은 낙서 하나도 지금의 마음을 담는 소중한 기록입니다.

Day 02

싫은데도 웃고 있는 날

●●● 마음 열기

분명히 싫었는데, 웃고 있는 나를 발견했습니다. 괜찮은 척, 아무렇지 않은 척 고개를 끄덕이고 속에서는 작게 "아니야"를 삼키고 있었습니다. 싫다는 마음보다 분위기를 깨지 않는 것이 먼저였고, 내 감정보다 상대의 표정이 더 중요해 보였습니다. 나는 오늘도 또 한 번, 나를 뒤로 밀어두고 웃었습니다.

●●● 핵심 필사

나는 내 마음과 다른 표정을 지어야 할 의무는 없다.

●●● 고백 필사

싫은데도, 괜찮은 척 웃어버린 순간이 있었다. 그 웃음 뒤에 조금 지친 내가 남아 있었다.

●●● 확언 필사

웃지 않아도, 나는 충분히 괜찮은 사람이다.

●●● 마음에 스친 순간들

- 싫은데도 웃어야 할 것 같았다 ☐
- 불편한 마음을 숨긴 채 상황을 넘겼다 ☐
- 분위기가 더 중요해 보였다 ☐
- 내 표정이 내 마음과 다르다는 걸 알고 있었다 ☐
- 나를 먼저 챙기고 싶다는 마음이 스쳤다 ☐

●●● 마음 일기 오늘 내가 웃음으로 넘겼던 순간, 그리고 그때 숨겨두었던 내 마음을 적어 봅니다.

●●● 마무리 문장

오늘 나는 싫은 마음 위에 웃음을 얹었다. 그래도 지금, 내 마음이 어디에 있었는지는 알고 있다.

억지로 웃느라 애쓴 표정은, 이곳에서는 내려놓아도 됩니다.

Day 03

내 감정보다
남 눈치를 보는 날

●●● 마음 열기

무슨 생각을 하는지보다, 지금 내가 어떻게 보일지가 먼저 떠오르는 날이 있습니다. 내 기분은 잠시 뒤로 미뤄두고, 상대가 불편해하지 않을지부터 살핍니다. 나는 오늘도 내 마음보다 남의 반응을 먼저 읽으며 하루를 보냈습니다. 그게 더 안전한 선택처럼 느껴졌기 때문입니다.

●●● 핵심 필사

나는 다른 사람의 표정까지 책임질 필요는 없다.

고백 필사

오늘도 나는, 내 마음이 어떤지 묻기 전에 상대의 표정을 먼저 살폈다. 그래서 내 마음은 또 뒤로 밀려났다.

확언 필사

내 마음을 먼저 살펴도, 나는 괜찮은 사람이다.

마음에 스친 순간들

- 내 기분보다 상대 반응이 먼저 떠올랐다 □
- 불편해 보일까 봐 말을 삼켰다 □
- 괜찮은 척 상황을 넘겼다 □
- 내 마음을 묻지 않은 채 하루를 보냈다 □
- 그래도 지금은 내 마음을 들여다보고 있다 □

마음 일기

오늘 내가 미뤄두었던 내 마음은 무엇이었는지 적어 봅니다.

마무리 문장

오늘 나는 내 마음보다 남의 눈치를 먼저 살폈습니다. 하지만 이제는, 내 마음이 어디에 있었는지도 알게 되었습니다.

누구의 눈치도 볼 필요 없는, 오직 당신만을 위한 빈 공간입니다.

Day 04

이용당한 것 같은데 말하지 못한 날

●●● 마음 열기

부탁이었을까요, 당연한 요구였을까요. 돌이켜 보니 나만 늘 해주고 있었습니다. 이상하다는 걸 알면서도, 그때는 아무 말도 하지 못했습니다. 괜히 문제를 만드는 사람이 될까 봐, 오늘도 나는 불편함을 혼자 삼켰습니다. 그래야 내가 예민한 사람이 되지 않을 것 같았기 때문입니다.

●●● 핵심 필사

나는 이용당하는 자리에 계속 서 있을 필요는 없다.

●●● 고백 필사

나는 불편했지만, 아무렇지 않은 사람처럼 행동했다. 그 순간, 나를 가장 먼저 속인 사람은 나였다.

●●● 확언 필사

나는 이용당하지 않아도 될 사람이다.

●●● 마음에 스친 순간들

- 억울하다는 마음이 들었다 □
- 그래도 말하지 못했다 □
- 괜히 예민한 사람 될까 봐 참았다 □
- 나만 계속 더 하고 있다는 느낌이 들었다 □
- 이건 내 기준에서 벗어났다는 걸 알아차렸다 □

●●● 마음 일기 오늘 내가 억울하다고 느꼈던 순간을 적어 봅니다.

●●● 마무리 문장

오늘 나는 또 한 번, 불편함 위에 침묵을 얹었습니다. 하지만 지금 이 순간만큼은, 내가 느낀 감정을 분명히 인정합니다.

말하지 못하고 삼켰던 말들, 이곳에 조용히 내려놓아도 안전합니다.

Day 05

참고 버티다
결국 터지는 날

●●● 마음 열기

괜찮다고, 괜찮다고, 스스로를 설득하며 하루하루를 지나왔습니다. 조금만 더 참자, 이번만 넘기자, 그렇게 쌓인 마음이 어느 순간 나도 모르게 터져 나오는 날이 있습니다. 참고 버티는 것이 어른스러운 선택이라고 믿어왔기 때문입니다.

●●● 핵심 필사

참는 것이 항상 옳은 선택은 아니다.

●●● 고백 필사

나는 괜찮은 척하며 내 마음을 오래 눌러 두었다. 그리고 오늘, 그 마음이 나도 모르게 쏟아졌다.

●●● 확언 필사

감정이 터졌다고 해서, 내가 잘못된 사람은 아니다.

●●● 마음에 스친 순간들

- 참아 온 마음이 한꺼번에 올라왔다 □
- 나는 왜 이렇게까지 참았을까 생각했다 □
- 감정을 드러낸 내가 낯설게 느껴졌다 □
- 괜히 후회가 밀려왔다 □
- 그래도 너무 오래 혼자 참아 왔다는 걸 알게 됐다 □

●●● 마음 일기 오늘 내 마음이 터져 나왔던 순간을 적어 봅니다.

●●● 마무리 문장

오늘 나는, 참아 온 만큼 흔들렸습니다. 그만큼 오래 혼자 견뎌왔다는 사실도 함께 알게 되었습니다.

엉망으로 적은 글씨라도 괜찮습니다. 당신의 감정은 모두 옳습니다.

Day 06

그래도 “아니요”를 연습하는 날

●●● 마음 열기

오늘은 단 한 번이라도, 미안하다는 말 대신 “아니요”를 말해보고 싶었습니다. 여전히 입은 무겁고, 목소리는 작았지만, 마음 한쪽에서는 분명히 그 말이 맴돌고 있었습니다. 아직은 그 말 한마디가 너무 큰 용기처럼 느껴집니다.

●●● 핵심 필사

나는 거절을 연습해도 되는 사람이다.

●●● 고백 필사

오늘 나는, 끝내 "아니요"를 입 밖으로 내지 못했을지도 모른다. 그래도 적어도, 그 말을 마음속에서 지워버리지는 않았다.

●●● 확언 필사

조금 서툴러도, 나는 나를 지키는 연습을 하고 있다.

●●● 마음에 스친 순간들

- 오늘도 거절이 쉽지 않았다 ☐
- 그래도 예전처럼 바로 "네"라고 하지 않았다 ☐
- 잠깐 망설였던 내가 낯설었다 ☐
- 마음속에서 "아니요"가 분명히 들렸다 ☐
- 나는 이미 연습을 시작했다는 생각이 들었다 ☐

●●● 마음 일기 오늘 내가 망설였던 순간과, 그때 마음속에 떠오른 말을 적어 봅니다.

●●● 마무리 문장

오늘 나는 아직 많이 서툽니다. 하지만 적어도, 예전처럼 아무 생각 없이 나를 내주지는 않았습니다.

말하지 못했던 '아니요'를, 선 하나로라도 흘려보내 보세요.

Day 07

거절하고 나서
미안해지는 날

●●● 마음 열기

겨우 거절해 놓고도 마음이 편하지 않습니다. '내가 너무 냉정했나', '상처 준 건 아닐까' 생각이 꼬리를 물며 미안함이 밀려옵니다. 거절보다 더 힘든 건, 거절한 뒤에 나를 괴롭히는 죄책감입니다. 그 미안함이 어디에서 오는지, 오늘은 조금 느껴봅니다.

●●● 핵심 필사

거절은 잘못이 아니다.

고백 필사

나는 오늘, 나를 지키는 선택을 하고도 스스로를 오래 책망했다.

확언 필사

미안해하지 않아도, 나는 충분히 예의 바른 사람이다.

마음에 스친 순간들

- 거절한 뒤 마음이 불편해졌다 □
- 상대 표정이 계속 떠올랐다 □
- 내가 너무 이기적인 건 아닐까 걱정했다 □
- 미안한 마음이 하루 종일 남아 있었다 □
- 그래도 나는 틀린 선택을 한 건 아니라는 생각이 들었다 □

마음 일기 오늘 내가 미안해했던 이유와, 그때의 내 마음을 적어 봅니다.

마무리 문장

오늘 나는, 나를 지킨 뒤에 나를 다시 혼냈습니다. 하지만 다음에는, 조금 덜 미안해해도 괜찮을 것 같습니다.

거절은 상처가 아니라, 숨을 고르는 선택일 수 있습니다.

Day 08

나만 이기적인 것 같아지는 날

마음 열기

다들 잘 참는 것처럼 보이는데 나만 못 참는 사람처럼 느껴지는 날이 있습니다. 나만 유난스러운 것 같고, 나만 예민한 것 같고, 그래서 나를 더 작게 만듭니다. 그 생각이 나를 더 작게 만들고 있다는 것도 알고 있습니다.

핵심 필사

내 기준은 유난이 아니라 나의 경계다.

●●● 고백 필사

나는 오늘, 나 스스로를 '이기적인 사람'으로 몰아붙였다.

●●● 확언 필사

나를 지키는 마음은 이기심이 아니다.

●●● 마음에 스친 순간들

- 나만 예민한 것 같았다 □
- 다른 사람들은 다 참는 것처럼 보였다 □
- 그래서 더 말하기 어려웠다 □
- 내 기준이 틀린 건 아닐지도 모른다는 생각이 들었다 □
- 나를 존중하고 싶다는 마음이 스쳤다 □

●●● 마음 일기 오늘 내가 스스로를 이기적이라고 느꼈던 순간을 적어 봅니다.

●●● 마무리 문장

오늘 나는, 나를 이기적인 사람으로 오해했습니다. 하지만 사실 나는, 이제 나를 조금 존중하고 싶어졌을 뿐입니다.

당신은 이기적인 게 아니라, 이제야 당신을 돌보기 시작한 것입니다.

Day 09

거절하면 관계가 멀어질까 두려운 날

●●● 마음 열기

거절하면, 그 사람이 나를 싫어하게 될 것만 같습니다. 거절하면, 관계가 어색해질 것만 같습니다. 그래서 나는 자꾸 나를 앞에 두지 못합니다. 관계를 잃을까 하는 두려움이 내 마음보다 앞서 있었기 때문입니다.

●●● 핵심 필사

관계는 거절 하나로 무너지지 않는다.

●●● 고백 필사

나는 관계를 지키고 싶어서, 자주 나를 뒤로 미뤄왔다.

●●● 확언 필사

나를 지켜도, 관계는 이어질 수 있다.

●●● 마음에 스친 순간들

- 거절이 관계를 깨트릴 것 같았다 ☐
- 그래서 더 말하지 못했다 ☐
- 나만 참고 있는 느낌이 들었다 ☐
- 관계를 지키는 방법이 꼭 희생일 필요는 없다는 생각이 들었다 ☐
- 나도 관계 안에서 안전하고 싶다는 마음이 올라왔다 ☐

●●● 마음 일기 오늘 내가 거절로 인해 관계에 대해 두려워했던 마음을 적어 봅니다.

●●● 마무리 문장

관계를 지키기 위해 나를 지워야 할 이유는 없습니다.

관계를 위해 나를 지우지 말고, 당신의 흔적을 이곳에 남겨보세요.

Day 10

좋게 넘기다
속이 다치는 날

●●● 마음 열기

갈등을 만들고 싶지 않아서, 오늘도 좋게 넘겼습니다. 겉은 조용했지만, 속에서는 작은 상처들이 계속 생기고 있었습니다. 겉은 평온했지만, 마음은 조용히 다치고 있었습니다.

●●● 핵심 필사

평화를 지키기 위해 꼭 나를 다치게 할 필요는 없다.

●●● 고백 필사

나는 오늘도, 상처가 생긴 자리 위에 "괜찮아"를 덮었다.

●●● 확언 필사

내가 다치지 않아도, 평온은 유지될 수 있다.

●●● 마음에 스친 순간들

- 갈등이 생길까 봐 참았다 □
- 겉으로는 아무 일 없던 하루였다 □
- 하지만 마음에는 계속 찌꺼기가 남았다 □
- 좋게 넘기는 게 늘 좋은 건 아니라는 생각이 들었다 □
- 나도 다치지 않고 지내고 싶다는 마음이 생겼다 □

●●● 마음 일기 오늘 내가 좋게 넘기려다 속으로 다쳤던 순간을 적어 봅니다.

●●● 마무리 문장

오늘의 평온이 내 마음을 다치게 하며 얻은 것이라면, 그 평온은 조금 다시 생각해도 좋겠습니다.

이곳은 당신만의 대나무 숲입니다.

Day 11

나를 설명하는 게 너무 어려운 날

●●● 마음 열기

왜 싫은지, 왜 힘든지, 왜 그렇게 느꼈는지 설명하려고 하면 말이 막힙니다. 그래서 나는 자주, 아예 아무 말도 하지 않는 쪽을 선택합니다. 말로 풀지 못한 감정이 마음속에 오래 남아 있었습니다.

●●● 핵심 필사

설명이 서툴러도 내 감정은 진짜다.

●●● 고백 필사

나는 오늘, 말로 꺼내지 못한 마음을 속으로만 오래 붙잡고 있었다.

●●● 확언 필사

내가 설명하지 못해도, 내 감정은 사라지지 않는다.

●●● 마음에 스친 순간들

- 말하려다 포기했다 □
- 설명하면 더 복잡해질 것 같았다 □
- 그래서 혼자 삼켰다 □
- 말보다 마음이 먼저 아픈 날이었다 □
- 그래도 내 감정이 틀린 건 아니라는 생각이 들었다 □

●●● 마음 일기 오늘 내가 설명하지 못하고 혼자 삼킨 마음은 무엇이었는지 적어 봅니다.

●●● 마무리 문장

말로 다 하지 못해도, 당신의 감정은 충분히 존재합니다.

설명하지 않아도 됩니다, 점 하나만으로도 마음은 충분합니다.

Day 12

나를 지키면 나쁜 사람이 될 것 같을 때

마음 열기

나를 지키는 선택을 하면, 어딘가 나쁜 사람이 되는 것만 같습니다. 이기적이고, 차갑고, 인정 없는 사람처럼 보일까 봐 나는 여전히 나를 지키는 일에 서툽니다. 그 망설임 속에 아직 익숙하지 않은 나의 경계가 있습니다.

핵심 필사

나를 지킨다고 해서 나쁜 사람이 되는 것은 아니다.

●●● 고백 필사

나는 아직도, 나를 지키는 선택 앞에서 많이 망설인다.

●●● 확언 필사

나를 지키면서도 나는 충분히 좋은 사람이다.

●●● 마음에 스친 순간들

- 나를 지키는 게 아직 낯설다 ☐
- 괜히 죄책감이 올라왔다 ☐
- 나쁜 사람이 될까 봐 걱정됐다 ☐
- 그래도 조금은 나를 편들어 주고 싶어졌다 ☐
- 나를 지켜도 괜찮다는 생각이 처음보다 쉬워졌다 ☐

●●● 마음 일기 나를 지키는 것에 대한 망설임이나 죄책감을 적어 봅니다.

●●● 마무리 문장

오늘 나는, 나를 지키는 사람이 꼭 나쁜 사람은 아니라는 것을 조금 더 믿어보기로 했습니다.

나를 지키려는 당신의 용기를, 이 빈 종이는 그대로 응원합니다.

Day 13

나보다 남이 먼저 떠오르는 날

●●● 마음 열기

무언가를 결정해야 할 때, 나는 습관처럼 먼저 다른 사람을 떠올립니다. 저 사람이 서운해하지는 않을지, 저 상황이 불편해지지는 않을지. 그렇게 나는 자주, 내 자리를 마지막에 둡니다. 그래서 내 마음은 늘 마지막에야 떠올랐습니다.

●●● 핵심 필사

나는 항상 마지막이 아니라도 된다.

●●● 고백 필사

오늘 나는, 내가 무엇을 원하는지 묻기 전에 다른 사람의 반응부터 떠올렸다.

●●● 확언 필사

내 마음을 먼저 생각해도 괜찮다.

●●● 마음에 스친 순간들

- 결정 앞에서 남이 먼저 떠올랐다 □
- 나중에 나를 끼워 넣는 습관이 느껴졌다 □
- 내 마음이 무엇인지 바로 떠오르지 않았다 □
- 그래도 오늘은 나를 먼저 생각해 보려 했다 □
- 내가 항상 뒤일 필요는 없다는 생각이 들었다 □

●●● 마음 일기 오늘 내가 다른 사람보다 나를 먼저 생각해 보려고 했던 순간을 적어 봅니다.

●●● 마무리 문장

나는 늘 마지막 자리에 서 있었지만, 오늘은 아주 잠깐, 내 자리를 앞으로 옮겨 보았습니다.

남보다 나를 먼저 떠올린 오늘의 감각을, 조용히 기억해 두세요.

Day 14

나를 먼저 챙기면 불안해지는 날

●●● 마음 열기

나를 먼저 챙겼을 뿐인데, 괜히 마음 한쪽이 불안해집니다. 혹시 누군가 실망하지 않을까, 혹시 내가 달라졌다고 말하지는 않을까. 나를 선택하는 게 아직도 낯설기 때문입니다. 그 불안이 아직 완전히 사라지지 않았다는 것도 사실입니다.

●●● 핵심 필사

나를 챙기는 일은 잘못이 아니다.

●●● 고백 필사

나는 오늘, 나를 먼저 돌보면서도 계속해서 눈치를 보았다.

●●● 확언 필사

나를 챙겨도, 나는 여전히 괜찮은 사람이다.

●●● 마음에 스친 순간들

- 나를 먼저 챙기고도 마음이 편하지 않았다 ☐
- 괜히 불안해졌다 ☐
- 누군가 실망할까 걱정했다 ☐
- 그래도 나를 뒤로 미루지는 않았다 ☐
- 나를 선택하는 감각이 조금 익숙해졌다 ☐

●●● 마음 일기 나를 챙기면서 느꼈던 불안감과 그 생각을 적어 봅니다.

●●● 마무리 문장

오늘의 불안은, 내가 나를 선택하기 시작했다는 신호일지도 모릅니다.

불안해도 괜찮습니다, 그 떨림조차 살아 있다는 증거입니다.

Day 15

쉬고 있는데도 죄책감이 드는 날

●●● 마음 열기

아무것도 하지 않고 쉬고 있는데, 마음은 계속 나를 쫓아옵니다. 이렇게 쉬어도 되나, 다른 사람들은 더 바쁘게 사는 것 같은데. 나는 쉴 때조차 나를 허락하지 못합니다. 쉬는 시간 앞에서도 나는 여전히 나를 의심하고 있었습니다.

●●● 핵심 필사

쉴 자격은 따로 증명할 필요가 없다.

●●● 고백 필사

나는 쉬면서도, 스스로에게 계속 허락을 구하고 있었다.

●●● 확언 필사

나는 쉬어도 되는 사람이다.

●●● 마음에 스친 순간들

- 쉬면서도 마음이 편하지 않았다 ☐
- 괜히 불안해졌다 ☐
- 아무것도 안 하는 내가 못나 보였다 ☐
- 쉬는 것도 연습이라는 생각이 들었다 ☐
- 내 몸과 마음이 진짜 쉬고 싶어 하고 있었다 ☐

●●● 마음 일기 쉬는 순간에 떠올랐던 죄책감이나 불안한 생각을 적어 봅니다.

●●● 마무리 문장

오늘 나는, 아무것도 하지 않는 시간 속에서도 나를 조금 더 이해하게 되었습니다.

무엇을 채울지 모르겠다면, 오늘은 하얗게 비워두어도 좋습니다.

Day 16

내 감정을 말하는 게 어색한 날

마음 열기

속에서는 분명히 무언가 느끼고 있는데, 막상 말로 꺼내려면 어색해집니다. 괜히 분위기를 이상하게 만들 것 같고, 괜히 유난스러운 사람이 될 것 같아서 나는 다시 입을 다뭅니다. 그 어색함이 나를 더 조용하게 만들었습니다.

핵심 필사

내 감정을 말하는 일은 유난이 아니다.

●●● 고백 필사

나는 오늘, 말하고 싶었던 마음을 끝내 입 밖으로 꺼내지 못했다.

●●● 확언 필사

내 감정을 말해도, 나는 존중받아야 할 사람이다.

●●● 마음에 스친 순간들

- 말하려다 멈췄다 ☐
- 분위기를 의식했다 ☐
- 내 감정이 별것 아닌 것처럼 느껴졌다 ☐
- 그래도 말하고 싶었던 마음이 분명히 있었다 ☐
- 언젠가는 말해보고 싶다는 생각이 들었다 ☐

●●● 마음 일기 오늘 말하고 싶었지만 삼켰던 감정과 그 순간을 적어 봅니다.

●●● 마무리 문장

오늘은 말하지 못했지만, 나는 이미 내 마음을 알고 있습니다.

예쁘게 쓰지 않아도 됩니다, 투박한 글씨 속에 진짜 마음이 있습니다.

Day 17

나를 선택하는 게
아직도 서툰 날

●●● 마음 열기

나를 선택하는 일은 아직도 서툽니다. 머리로는 알겠는데, 몸은 여전히 예전 쪽으로 먼저 움직입니다. 그래도 오늘의 내가 어제와 조금 다르다는 건 분명합니다. 완벽하지 않다는 걸 알면서도, 방향은 분명히 달라지고 있습니다.

●●● 핵심 필사

서툴러도 방향은 바뀌고 있다.

●●● 고백 필사

나는 오늘도, 완벽하게 나를 선택하지는 못했다. 그래도 예전처럼 나를 완전히 잊어버리지는 않았다.

●●● 확언 필사

나는 이미 바뀌는 중이다.

●●● 마음에 스친 순간들

- 또 예전 습관처럼 행동했다 ☐
- 그러고 나서 내가 보였다 ☐
- 완벽하지 않다는 생각이 들었다 ☐
- 그래도 방향은 달라졌다는 걸 느꼈다 ☐
- 나를 포기하지 않겠다고 마음먹었다 ☐

●●● 마음 일기 오늘 습관처럼 행동했지만, 스스로 달라졌다고 느낀 점을 적어 봅니다.

●●● 마무리 문장

완벽하지 않아도, 나는 이미 다른 길로 들어서고 있습니다.

서툰 날갯짓도 비행입니다, 당신은 지금도 잘 가고 있습니다.

Day 18

나를 지키는 선택이 조금 편해진 날

마음 열기

여전히 조심스럽고, 여전히 망설이지만 예전만큼 아프지는 않습니다. 나를 지키는 선택이 조금씩 내 자리가 되어 가고 있기 때문입니다. 그 변화가 아주 작게, 그러나 분명히 느껴집니다.

핵심 필사

나를 지키는 선택은 이제 내 삶의 일부다.

●●● 고백 필사

나는 오늘, 나를 지키는 선택 앞에서 예전보다 덜 떨렸다.

●●● 확언 필사

나는 나를 지키는 일에 익숙해지고 있다.

●●● 마음에 스친 순간들

- 망설였지만 예전보다 덜 흔들렸다 ☐
- 나를 지키는 선택이 자연스러워졌다 ☐
- 여전히 긴장되기는 했다 ☐
- 그래도 나를 포기하지는 않았다 ☐
- 내가 조금 변하고 있다는 게 느껴졌다 ☐

●●● 마음 일기 나를 지키는 선택을 하면서 느낀 변화나 편안함을 적어 봅니다.

●●● 마무리 문장

오늘의 나는, 나를 지키는 일이 조금 덜 두려운 사람이 되었습니다.

단단해지는 마음의 소리를 선이나 색으로 남겨보세요.

Day 19

다시 흔들려서
실망하는 날

마음 열기

이제 좀 괜찮아진 것 같았는데, 다시 예전처럼 흔들리는 나를 보며 실망합니다. 왜 아직도 이 정도일까, 왜 이렇게 자꾸 뒤로 돌아갈까. 하지만 흔들림은 멈췄다는 뜻이 아니라 아직 살아 있다는 증거일지도 모릅니다. 흔들림이 다시 시작된 것이 아니라, 이어지고 있을 뿐입니다.

핵심 필사

다시 흔들렸다고 해서, 처음으로 돌아간 것은 아니다.

••• 고백 필사

나는 오늘, 또 흔들린 나를 보며 스스로에게 실망했다.

••• 확언 필사

흔들려도 나는 여전히 나아가고 있다.

••• 마음에 스친 순간들

- 예전처럼 반응한 내가 보였다 ☐
- 그래서 스스로에게 화가 났다 ☐
- '나는 왜 이 정도밖에 안 될까'라는 생각이 들었다 ☐
- 그래도 전과는 다른 나도 함께 보였다 ☐
- 완전히 돌아간 건 아니라는 걸 느꼈다 ☐

••• 마음 일기 오늘 내가 가장 많이 흔들렸던 순간을 적어 봅니다.

••• 마무리 문장

나는 다시 흔들렸지만, 예전의 나와는 같은 자리에 서 있지 않습니다.

다시 흔들려도 괜찮습니다, 우리는 흔들리며 뿌리를 내립니다.

Day 20

누군가의 말에 마음이 작아지는 날

●●● 마음 열기

한마디 말에 하루의 기분이 바뀌는 날이 있습니다. 괜찮아졌다고 생각했는데, 누군가의 말 앞에서 마음은 다시 작아집니다. 그 말이 내 전부는 아니라는 것도 함께 떠올려 봅니다.

●●● 핵심 필사

타인의 말이 내 가치를 정하지는 않는다.

●●● 고백 필사

나는 오늘, 한마디 말에 하루를 내줄 뻔했다.

●●● 확언 필사

나는 말보다 더 단단한 사람이다.

●●● 마음에 스친 순간들

- 한마디 말이 오래 남았다 □
- 괜히 내가 부족해 보였다 □
- 하루 종일 그 말이 맴돌았다 □
- 그래도 그 말이 전부는 아니라는 생각이 들었다 □
- 내 삶이 말 하나로 정의되지는 않는다는 걸 알았다 □

●●● 마음 일기 나를 작게 만들었던 그 말과, 그 말을 대하는 내 마음을 적어 봅니다.

●●● 마무리 문장

말은 잠시 흔들 수 있지만, 나의 전부가 되지는 못합니다.

타인의 말은 스쳐 가고, 이곳에는 당신의 진심만 남습니다.

Day 21

비교하다가 나를 잃어버리는 날

●●● 마음 열기

비교는 늘 조용히 다가옵니다. 처음엔 괜찮은 것 같다가, 어느 순간 나는 작아지고 상대는 커져 있습니다. 비교 속에서 나는 자주 나를 잃어버립니다.

●●● 핵심 필사

나는 누구의 뒤가 아니라, 나의 자리에서 걷고 있다.

●●● 고백 필사

나는 오늘, 나도 모르게 내 자리를 벗어나 남의 자리를 바라보고 있었다.

●●● 확언 필사

나의 속도도 충분히 괜찮다.

●●● 마음에 스친 순간들

- 나도 모르게 비교하고 있었다 ☐
- 나만 뒤처지는 것 같았다 ☐
- 나의 장점은 잠시 보이지 않았다 ☐
- 그래도 다시 나의 자리를 떠올렸다 ☐
- 내 걸음도 내 삶이라는 생각이 들었다 ☐

●●● 마음 일기 오늘 나를 잃어버릴 정도로 비교했던 순간을 적어 봅니다.

●●● 마무리 문장

비교에서 돌아오는 순간, 나는 다시 내 삶의 중심에 서게 됩니다.

남들의 속도는 잊고, 오늘은 당신의 속도로 써 내려가세요.

Day 22

괜찮아진 줄 알았는데 또 불안해지는 날

●●● 마음 열기

이제는 괜찮아졌다고 믿고 싶었는데, 다시 불안이 고개를 듭니다. '나는 아직도 멀었구나'라는 생각이 들며 마음이 다시 무거워집니다. 불안이 다시 와도, 예전과는 다른 자리에 서 있습니다.

●●● 핵심 필사

불안은 사라져야 할 적이 아니라, 지나가는 감정이다.

●●● 고백 필사

나는 오늘, 불안을 다시 느끼며 스스로가 아직 미완성인 것 같았다.

●●● 확언 필사

불안이 와도 나는 무너지지 않는다.

●●● 마음에 스친 순간들

- 불안이 다시 올라왔다 □
- 이제는 안 올 줄 알았다 □
- 그래서 더 실망했다 □
- 그래도 예전처럼 휩쓸리지는 않았다 □
- 나는 불안보다 더 오래 남아 있다는 걸 느꼈다 □

●●● 마음 일기 오늘 다시 찾아온 불안감과 그 느낌을 적어 봅니다.

●●● 마무리 문장

불안은 다시 올 수 있지만, 나는 더 이상 그 안에만 머무르지 않는다.

불안이 찾아와도, 이 종이 위에서만큼은 당신이 주인입니다.

Day 23

나를 믿고 싶다가도 의심하는 날

●●● 마음 열기

조금 나를 믿게 되었다가도, 어느 순간 다시 나를 의심합니다. 내 선택이 맞았는지, 이 방향이 맞는지 자꾸 흔들립니다. 의심 속에서도 나를 놓지 않으려 애쓰고 있습니다.

●●● 핵심 필사

나는 불안해도 나를 믿는 쪽으로 선택할 수 있다.

●●● 고백 필사

나는 오늘, 나를 믿고 싶다가도 다시 나를 의심했다.

●●● 확언 필사

완벽하지 않아도, 나는 나를 믿을 수 있다.

●●● 마음에 스친 순간들

- 선택이 맞는지 불안했다 □
- 다시 돌아가고 싶어졌다 □
- 확신이 사라진 것 같았다 □
- 그래도 끝까지 나를 놓지는 않았다 □
- 의심 속에서도 나를 붙들고 싶었다 □

●●● 마음 일기 나를 의심했던 순간과 그럼에도 나를 믿고 싶었던 마음을 적어 봅니다.

●●● 마무리 문장

믿음은 확신이 아니라, 흔들리면서도 선택하는 마음일지 모릅니다.

의심이 들 땐 펜을 꾹 눌러보세요, 당신은 생각보다 단단합니다.

Day 24

그래도 다시 나를 선택하는 날

●●● 마음 열기

완벽하지도 않고, 늘 흔들리지만 그래도 나는 다시 나를 선택합니다. 이전처럼 나를 버리지 않기로, 이전처럼 나를 미워하지 않기로. 그 선택이 오늘의 나를 조금 더 단단하게 만듭니다.

●●● 핵심 필사

나는 오늘도 다시 나를 선택한다.

●●● 고백 필사

나는 오늘, 완벽하지 않은 나를 그래도 포기하지 않기로 했다.

●●● 확언 필사

나는 나를 선택하는 사람이다.

●●● 마음에 스친 순간들

- 나를 포기하고 싶어졌다 □
- 그래도 다시 붙잡았다 □
- 예전만큼은 흔들리지 않았다 □
- 나를 선택하는 게 조금 자연스러워졌다 □
- 나는 예전의 나와는 달라졌다는 걸 느꼈다 □

●●● 마음 일기 다시 나를 선택하며 느낀 감정이나 결심을 적어 봅니다.

●●● 마무리 문장

오늘도 나는, 많이 흔들렸지만 결국 다시 나 쪽으로 돌아왔습니다.

완벽하지 않아도 충분히 사랑스럽습니다, 오늘의 당신 그대로.

Day 25

나를 지키는 일이 설명되지 않아도 되는 날

●●● 마음 열기

예전에는 왜 거절하는지, 왜 가지 않는지, 왜 그렇게 하는지 꼭 설명해야만 할 것 같았습니다. 이제는 조금 다릅니다. 나를 지키는 일에 이유를 붙이지 않아도 되는 날이 있습니다. 설명하지 않아도 되는 순간이 조금씩 늘어나고 있습니다.

●●● 핵심 필사

나를 지키는 선택은 설명 없이도 충분하다.

●●● 고백 필사

나는 오늘, 나를 지키는 이유를 굳이 말하지 않았다.

●●● 확언 필사

나는 설명하지 않아도 존중받을 수 있다.

●●● 마음에 스친 순간들

- 예전 같으면 이유를 덧붙였을 일이다 □
- 오늘은 굳이 설명하지 않았다 □
- 괜히 마음이 흔들릴까 봐 걱정했다 □
- 그런데도 큰 문제는 생기지 않았다 □
- 나를 지키는 일이 자연스러워졌다고 느꼈다 □

●●● 마음 일기 설명 없이 나를 지켰던 순간과 그때의 느낌을 적어 봅니다.

●●● 마무리 문장

오늘 나는, 나를 지키면서도 아무 설명을 하지 않아도 괜찮아졌습니다.

이유를 대지 않아도 편안한 날, 오늘의 평온을 이곳에 남겨보세요.

Day 26

나를 지키는 사람이
외로워 보이지 않는 날

●●● 마음 열기

한때는 나를 지키는 사람이 외로운 사람처럼 느껴졌습니다. 하지만 오늘은 다릅니다. 혼자가 아니라, 스스로와 함께 서 있는 사람처럼 느껴집니다. 혼자라는 감각보다, 나와 함께 있다는 느낌이 남습니다.

●●● 핵심 필사

나를 지키는 사람은 고립된 사람이 아니다.

●●● 고백 필사

나는 오늘, 나를 지키는 선택이 외로움이 아니라는 것을 알았다.

●●● 확언 필사

나는 나와 함께 있는 사람이다.

●●● 마음에 스친 순간들

- 혼자인 것 같아 불안해졌다 □
- 그런데도 예전처럼 무너지지는 않았다 □
- 나를 지키는 선택이 나를 더 지탱해 주었다 □
- 외로움보다는 안정이 더 가까이 느껴졌다 □
- 나와 함께 서 있다는 느낌이 들었다 □

●●● 마음 일기 나를 지키는 선택을 했을 때 외로움 대신 느꼈던 감정을 적어 봅니다.

●●● 마무리 문장

오늘 나는, 혼자여도 혼자가 아니라는 감각을 처음으로 느꼈습니다.

당신은 이제, 당신 자신과 가장 가까운 친구가 되었습니다.

Day 27

예전의 나를 미워하지 않게 되는 날

마음 열기

예전의 나를 떠올리면 부끄럽고, 답답하고, 후회스럽던 날들이 많았습니다. 왜 그렇게밖에 못 했을까, 왜 그렇게 나를 몰아붙였을까. 오늘은 그 나를 조금 다르게 바라보게 됩니다. 그 시절의 나도 나름의 방식으로 버티고 있었습니다.

핵심 필사

그때의 나도, 나를 지키려고 애썼다.

●●● 고백 필사

나는 오늘, 예전의 나를 비난하는 대신 이해해 보고 싶어졌다.

●●● 확언 필사

과거의 나도 지금의 나로 이어지는 과정이다.

●●● 마음에 스친 순간들

- 예전의 내가 떠올랐다 ☐
- 여전히 마음이 쓰렸다 ☐
- 하지만 그 나도 최선을 다했다는 생각이 들었다 ☐
- 나를 덜 미워하게 되었다 ☐
- 나를 조금 더 오래 안아주고 싶어졌다 ☐

●●● 마음 일기 예전의 나를 이해하거나 안아주고 싶었던 순간을 적어 봅니다.

●●● 마무리 문장

오늘 나는, 과거의 나에게 처음으로 미움 대신 이해를 건넸습니다.

지나간 날의 나를 미워하지 말고, 그때의 나도 안아주세요.

Day 28

나를 지키는 일이
더 이상 큰 결심이 아닌 날

●●● 마음 열기

예전에는 나를 지키는 선택 하나에도 큰 용기가 필요했습니다. 오늘은 그렇지 않습니다. 아주 조용하게, 아주 자연스럽게 나를 선택합니다. 이제는 큰 결심이 아니라, 자연스러운 선택에 가깝습니다.

●●● 핵심 필사

나를 지키는 일은 이제 나의 기본이 되었다.

●●● 고백 필사

나는 오늘, 특별한 결심 없이도 나를 선택하고 있었다.

●●● 확언 필사

나는 나를 지키는 방향에 익숙해졌다.

●●● 마음에 스친 순간들

- 예전 같으면 망설였을 선택이었다 □
- 오늘은 크게 흔들리지 않았다 □
- 나를 지키는 선택이 자연스러웠다 □
- 긴장보다 안정이 먼저 느껴졌다 □
- 내가 많이 달라졌다는 생각이 들었다 □

●●● 마음 일기 큰 결심 없이 나를 지키는 선택을 했던 순간을 적어 봅니다.

●●● 마무리 문장

오늘 나는, 나를 지키는 일이 더 이상 특별한 일이 아니라는 것을 알게 되었습니다.

굳은 결심이 없어도, 손끝은 이미 나를 지키는 방향을 알고 있습니다.

Day 29

흔들려도 다시 중심으로 돌아오는 날

마음 열기

완벽해진 것은 아닙니다. 나는 여전히 흔들리고, 여전히 망설이고, 여전히 때때로 예전으로 돌아갈 것 같습니다. 하지만 분명한 건, 이제 나는 돌아올 자리를 알고 있다는 것입니다. 돌아올 자리가 있다는 사실이 나를 지탱해 줍니다.

핵심 필사

나는 흔들려도 다시 돌아오는 사람이다.

●●● 고백 필사

나는 오늘, 흔들리면서도 예전처럼 길을 잃지는 않았다.

●●● 확언 필사

나에게는 돌아올 중심이 있다.

●●● 마음에 스친 순간들

- 오늘도 흔들리는 순간이 있었다 ☐
- 잠깐 예전으로 돌아간 것 같았다 ☐
- 그래도 다시 중심을 찾았다 ☐
- 나를 붙잡는 감각이 분명해졌다 ☐
- 나는 더 이상 길을 완전히 잃지는 않는 사람이다 ☐

●●● 마음 일기 흔들렸지만 다시 중심을 찾았던 순간을 적어 봅니다.

●●● 마무리 문장

나는 여전히 흔들리지만, 이제는 반드시 돌아옵니다.

언제든 돌아오세요, 이 책은 언제나 당신의 편입니다.

Day 30

나는 이제 나를 믿고 살아도 된다

●●● 마음 열기

이 책을 쓰기 전의 나는 늘 흔들리면서도 나를 믿지 못하는 사람이었습니다. 이제는 다르다고 말할 수는 없습니다. 하지만 나는 이제, 조금 더 나를 믿고 살아가도 되겠다고 조심스럽게 말해 봅니다. 이 믿음이 오늘 하루를 버티게 해 줍니다.

●●● 핵심 필사

나는 이제 나를 믿고 살아도 된다.

●●● 고백 필사

나는 오늘, 완벽하지 않은 나를 그래도 믿어보기로 했다.

●●● 확언 필사

나는 나와 함께 살아가도 괜찮은 사람이다.

●●● 마음에 스친 순간들

- 지난 날들이 떠올랐다 □
- 많이 흔들렸던 나도 함께 보였다 □
- 그래도 여기까지 왔다는 생각이 들었다 □
- 나를 조금 더 믿고 싶어졌다 □
- 이제는 나와 함께 살아가도 괜찮겠다는 마음이 들었다 □

●●● 마음 일기 30일 동안의 여정을 돌아보며 나에게 해주고 싶은 말을 적어 봅니다.

●●● 마무리 문장

오늘 나는, 드디어 나에게 함께 살아가도 괜찮은 사람이라고 말해 주었습니다.

30일의 기록, 흔들려도 괜찮았습니다, 당신은 결국 자신을 지켜냈습니다.

다시, 평안으로 02
흔들려도 괜찮아 … 나를 지키는 필사 노트

1판 1쇄 발행 2026년 1월 20일

기획 팀 쉼표
펴낸이 이용훈

펴낸곳 북스원
등록 제2015-000033호
주소 서울시 송파구 오금로44나길 5, 401호
전화 010-3244-4066
이메일 wisebook@naver.com
공급처 (주)비전북 031-907-3927
ISBN 979-11-92468-39-6 03810